HF450390

La Reine de Golconde, opera en trois actes ; représenté
à Versailles, devant S. M. le jeudi 16 Mai 1771.
2. l'Impr. de P. R. Chr. Ballard. 1771.

Paroles d. Sedaine
Musique d. Monsigny
Ballet, d. Laval.

tirage sur papier in 4.° il mq. à cet exemp. [illegible] (f.t. titre et [illegible] d'act.)

OOOOOOOO O OOOOOOOO

LE ſujet D'ALINE, Reine de Golconde,
eſt ſi connu, qu'il pourroit ſe pâſſer de
Programme ; en effet, qui ne ſait pas que
ST. PHAR, Gentilhomme Français, à
peine adoleſcent, rencontra l'innocente
ALINE dans un vallon, au lever de
l'aurore.

Se voir, s'aimer, ſe le dire, ne fut pour
ce joli couple que l'affaire d'un inſtant.
ST. PHAR, forcé de quitter ſa Bergere,
lui donna un anneau d'or, qu'il la pria de
conſerver toute ſa vie.

Quelques années après, par un de ces
événemens, qui n'ont pas beſoin de
preuve, ALINE devint Reine de Gol-

conde. Le cœur toujours occupé de son premier amour, elle fit arranger dans son parc un lieu semblable à celui où elle avoit connu St. Phar.

Par un événement, peut-être aussi singulier, St. Phar quitte la France, pâsse dans les Indes, & est nommé Ambassadeur vers la Reine de Golconde : il en est reconnu, (*premier Acte*) elle se présente à lui habillée en bergere, (*second Acte*) & ils s'aiment comme le premier jour, (*troisième Acte.*)

L'Histoire ne dit pas que St. Phar monta sur le thrône de Golconde ; mais Aline a sans doute fait pour St. Phar, ce qu'Angélique a fait pour Medor.

Comparses

41 Soldats habillés en Mandarins

10 officiers françois pour accompagner
l'Embassadeur au 1.er acte.

9 officiers françois et 24 Soldats
9 officiers Golcondois et 24 Soldats,
le tout pour l'action du 3.e acte, avec
chacun leurs armes.

4 femmes comparses vétues en Golcondoises
pour le Service de l'Embassadeur dans le
Kiorke a 1.er acte.
Une fausse Aline dans le Kiorke opposé
a celui de l'Embassadeur.

acteurs chantans dans les Chœurs
Tous les M.rs des Chœurs en Golcondois, Coiffures
de Caractere, petites Barbes, Bottines montans
a mi Jambes.

Toutes le D.lles en Golcondoises, grands Voiles
sur la tête attachés avec Rubans d'or, Grands
Coliers de perles tombant sur la poitrine.

LA REINE
DE GOLCONDE.

ACTE PREMIER.

Le théâtre repréfente un Sallon orné magnifiquement dans le goût afiatique ; fur l'un des côtés eft un thrône, élevé au-deffus du parquet, de plufieurs gradins.

SCÈNE PREMIÈRE.

(Les grands Seigneurs Golcondois font fuppofés attendre la REINE : l'un d'eux eft au côté gauche du thrône ; il fe nomme USBEK.)

USBEK, Golcondois,

LE CHŒUR.

CHANTONS la Reine de Golconde!
Qu'elle foit toûjours

A

Les amours,
La gloire & le bonheur du monde.

USBEK.

Qu'un profond respect vous enchaîne,
Prosternés-vous ; voici la Reine.

Sur une marche
qu'on joüe 2 fois et dont
la 1.re fois on joüe 3 commencementts,
la Reine entre precedée
des officiers et soldats
Golcondois de la suitte
et des 4 mandarins, elle
est appuiée sur Zélis et
suivie des amazones
Golcondoises de la Garde

SCÊNE DEUXIÈME.

LA REINE, *le visage couvert, en partie,*
de son voile, ZÉLIS, USBEK, *suite*
de la REINE, MANDARINS.

(Marche Golcondoise; la REINE *arrive,*
précédée & suivie de son cortege; tous les
grands se prosternent : ZÉLIS *parle à*
USBEK, *qui fait un signe de la main &*
les MANDARINS *se retirent dans le fond de*
(la scêne.)

LA REINE.

ZÉLIS, ah ! je me meurs : c'est lui ; oui,
c'est lui-même.

ZELIS.

Quoi, ce françois ?

LA REINE.

St. Phar ; celui que j'aime.

A ij

après un signe que fait Usbek, tout ce qui est sur la scène, excepté la Reine et Zélis, se retire au fond du Théâtre

Zélis, tous mes secrèts sont écrits dans ton
        cœur ;
    Tu consoles ta Souveraine
    Du penible & brillant honneur,
    De cacher la foiblesse humaine
    Sous le voile de la grandeur.
Ce françois, ce guerrier, c'est St. Phar,
        c'est lui-même.

ZÉLIS.

Craignés de vous tromper ; c'est peut-être
    une erreur.

LA REINE.

Qui pourroit se tromper en voyant ce qu'il
        aime ?
Un regard m'a suffi, c'est sa marche, ses
        traits,
C'est lui, c'est lui sans doute . . . à mon
        bonheur suprême
Il manquoit, & le ciel... il entre en ce
        palais ;
Je vais le voir...

USBEK.

L'ambassadeur s'avance.

LA REINE

Qu'il remplisse mes vœux & mon impa-
tiënce

USBEK.

Que le général dès françois
Soit introduit dans le palais.

Sur la Marche françoise, les mandarins et les officiers Golcondois vont chercher l'Embassadeur qui entre par la porte du fond avec les officiers françois de sa suite

SCÊNE TROISIÈME.

Les Acteurs de la scêne précédente.

St. PHAR, OFFICIERS *françois.*

(*Marche des françois : l'Ambassadeur entre,*

(*précédé & suivi de son cortege.*)

St. PHAR.

Général des françois, fixés sur ces
    rivages ;
Je viens renouveller à votre avenement,
    Et les respects & les hommages,
Qu'ils doivent à des loix dont le trône est
    garant,
Qu'il est flatteur pour moi d'en faire le ser-
    ment
    Aux piés d'une illustre Princesse !
    Hé, quel françois ne seroit enchanté
De remplir un traité, que dicte la sagesse,
    Sous l'empire de la beauté !

USBEK.

La Reine connoît votre zele,
Son cœur ne l'oublira jamais ;
Elle veut, qu'en ce jour, une conſtante paix
Entre elle & vous ſe renouvelle.

St. P H A R.

Si jamais
Du ſein des montagnes,
L'ennemi venoit dans vos campagnes
Répandre l'horreur,
L'effroi, la terreur ;
Sûrs avec vous de la victoire,
Nous partagerions votre gloire :
Oui, pour deffendre vos états,
Employés nos cœurs & nos bras
Dans les combats :
Pour un françois c'eſt un bonheur
De ſe livrer à ſa valeur.
Illuſtre Reine,
L'honneur nous mene ;
Et s'il paroît quelqu'ennemi,
Offrés-nous, offrés-nous à lui :

Faut-il l'attendre,
Ou le chercher?
Nous ferons tous, pour vous deffendre,
Prêts à marcher.

USBEK & le CHŒUR des François.

Oui, pour deffendre vos états,
Employés nos cœurs & nos bras
Dans les combats :
Pour un françois, c'est un bonheur
De se livrer à sa valeur :
Illustre Reine,
L'honneur nous mene ;
Et, s'il paroît quelqu'ennemi,
Offrés-nous, offrés nous à lui :
Faut-il l'attendre,
Ou le chercher?
Nous ferons tous, pour vous deffendre,
Prêts à marcher.

(*ZÉLIS monte quelques marches
du Trône ; la REINE lui parle ;
ZÉLIS redescend, & dit à
St. PHAR.*)

Ne

Ne quittés pas ſi-tôt ce fortuné ſéjour ;
La Reine vous invite aux fêtes de ſa Cour.

(On reprend la marche des françois ;
pendant la ſortie de l'Ambaſſadeur &
de la ſuite de la Reine.)

Sur la marche françoise que l'on reprend, l'embassadeur rentre dans le même ordre et parle fond. Tous les autres personnages se retirent par les côtés.

SCÉNE QUATRIÈME.

LA REINE, ZÉLIS.

LA REINE.

AH Zélis!.. la fortune en m'élevant au
    trône
Enchantoit mes efprits, fans contenter mon
    cœur,
Et tout l'éclat qui m'environne,
Ne faifoit rien, pour mon bonheur ;
Il eft au comble, & le fceptre en mes mains
Eft de l'amour la faveur la plus chere,
Puifqu'il peut de St. Phar embellir les def-
    tins.

ZÉLIS.

Hélas ! fous un autre hémifphere,
Si de vos nœuds fon cœur a fu fe délïer,
Alors que prétendés-vous faire ?

LA REINE.

Lui dérober mon fort, gémir, & l'oublïer.

ZÉLIS.

L'oublïer !

LA *REINE.*

L'oublïer ! ce mot me défefpere.

ZÉLIS.

Par quels refforts fecrèts, par quels moyens
    heureux,
Sçaurés-vous fi fon cœur eft fidele à fes feux?

LA *REINE.*

Tu connois ce gâzon, arrofé de mes larmes,
Ce hameau, par mes foins élevé fous mes
    yeux,
    Ce bocage, fi plein de charmes,
    Ce bofquet fi délicïeux;
C'eft l'image des lieux, où mon âme
    charmée,
S'eft voüée à l'objet que je n'ai pu bannir:
    C'eft là que mon âme calmée,
    Jouït de fon reffouvenir;
Et je le vois!... Demain quand l'aurore
    naiffante

Aura couvert de fleurs ce bosquet amou-
    reux,
Que ses premiers regards, jettés sur son
    amante,
Rappellent, s'il se peut, ses serments & ses
    feux.

ZÉLIS.

Vous, Reine, & dans Golconde! il vous
    verra présente?
    Il n'en pourra croire ses yeux.

LA REINE.

    Prends cet anneau : si de ce gage
    Il ne reconnoît pas le prix ;
Si le lieu, si l'instant & le même bocage ;
Si son Aline, offerte à ses regards surpris,
Ne dit rien à ce cœur, dont le mien est
    épris ;
Qu'il parte.... il ne saura jamais que dans
    golconde
Son Aline n'aimoit, ne respiroit que lui ;
    Qu'à mes vœux, quoique tout ré-
      ponde
    Il est l'unique bien que je désire ici ;

Toi, qu'avec des traits de flâme
L'amour grava dans mon cœur,
Est-il resté dans ton âme,
Des traces de notre ardeur ?

Cette Aline, dont l'aurore
S'embellissoit de tes feux,
Peut-elle esperer encore
D'être digne de tes vœux ?

Si jamais d'un cœur sincere,
L'amour reçut le serment,
C'est celui qu'une bergere,
Fit alors à son amant,

Serment, que, baignés de larmes,
Nous répétâmes cent fois,
Auriés-vous perdu vos charmes ?
Auriés-vous perdu vos droits ? — *Sur quatre mesures
de Simphonies Usbek
revient et parle bas
a Zélis —*

SCÊNE CINQUIÈME.

LA REINE, ZÉLIS, USBEK.

(Pendant la ritournelle de l'air précédent, USBEK entre, s'approche de ZÉLIS ; il est supposé lui parler : ZÉLIS s'avance vers la REINE.)

ZÉLIS,

O Reine !..

LA REINE.

Je t'entends ; la fête est com-
mencée.
Viens remplir le projet qui s'offre à ma
pensée.

SCÊNE SIXIÈME.

(Le théâtre change & repréſente une place publique.)

USBEK, PEUPLES GOLCONDOIS.

CHŒUR des Peuples.

VIVE l'honneur du nom françois,
Que dans Golconde
Règne la paix ;
Que tout à nos déſirs réponde ;
Que dans Golconde
Règne la paix !
Que ſur la terre, & que ſur l'onde
Une tranquillité profonde,
Laiſſe circuler les bienfaits
Et les tréſors du monde

Vive &c.

(On danſe.)

Le Changement ſur le commencement d'un prélude de ſix meſures, pendant lequel les Chœurs entrent avec La Danſe.

pendant ce Chœur les Comparſes Golcondoiſes ſervent l'Embaſſadeur qui eſt dans l'Intérieur du Kioſte.

— air à 2 tems, et 3 menuets ;

pendant la Danſe Zélis rentre ſur le Théâtre ; et l'Embaſſadeur deſcend du Kioſte ; il eſt ſuivi des mandarins.

ZÉLIS, à St. PHAR.

Sur les bords charmants de la feine,
Si quelque belle excite vos regrèts,
Pour l'oublïer, livrés-vous aux attraits
D'une nouvelle chaîne.

Des regrèts la trace profonde,
Doit s'effacer fous de nouveaux defirs;
Le Gange, fur fes bords, vous offre des
plaifirs
Auffi purs que fon onde.

Sur les bords, &c.

on danse une Gavotte

pendant cette Gavotte
la fausse Aline et les
4 femmes comparses
Golcondoises paroitront
dans le Kioske opposé a celui
ou etoit l'Ambassadeur.

SCÊNE

Zélis va prendre promptement
deux Bouquets et rentre a la
tête de la Jeunesse Golcondoise.

SCÊNE SEPTIÈME.

*(Entrée de la jeuneſſe Golcondoiſe, portant
des bouquèts.)*

*(On danſe pendant les ritournelles qui ſont
dans le Chœur ſuivant.)*

ZÉLIS, JEUNESSE GOLCONDOISE,
& les ACTEURS *de la ſcêne précédente.*

Z É L I S *a deux bouquets, un de diamants,
l'autre de fleurs ; elle les préſente à* ST. PHAR.

DAns nos climats l'éclat le plus divin,
Plus qu'en tout lieu, fait briller la nature :
Voici les tréſors de ſon ſein ;
En voilà la parure.

(ZÉLIS lui préſente le bouquet de diamants.)

ZÉLIS & le CHŒUR.
Voici les tréſors, &c.
(On danſe.)
C

*ZÉLIS, à St. Phar, en lui donnant
le bouquèt de fleurs.*

Prenés ces fleurs , admirés leur beauté;
Respirés-en l'odeur enchanteresse :
Quelle charmante volupté !
Ah, quelle douce ivresse !

ZELIS & *le* CHŒUR.

Quelle charmante , &c.

(*On danse.*)

ZELIS *à* St. PHAR.

Est-il un sort qui fasse des jaloux
Que dans ces lieux l'amour ne vous
promette ,
Ce Dièu réuniroit pour vous
Le sceptre , & la houlette ,

ZELIS & *le* CHŒUR.

Ce Dieu , &c.

(*On danse.*)

ST. *PHAR.*

Le parfum de ces fleurs, ces odeurs étran-
geres
    Appesantissent mes paupières ;

        (On danse.)

† La fausse Aline et sa suite sortent du Kioste.

air lent, pendant le quel St Phar se retire.

Osbert entre sur la finale de l'air lent.

SCÊNE HUITIÈME.

USBEK à ZÉLIS.

USBEK arrive du fond du théâtre,
& dit à ZELIS.

PLONGÉ dans un profond sommeil,
St. Phar est transporté dans ce séjour cham-
pêtre
Qui doit s'offrir à son reveil
Et nul françois ne peut connoître...
Mais que vois-je !..

SCÊNE NEUVIÈME.

Les ACTEURS *précédents, un* OFFICIER
françois, à la tête des autres Officiers

*L'*OFFICIER *françois.*

Est-il vrai que le chef
    des français
De ces lieux vient de disparoître?
Dites-nous, dites-nous dans quels lieux il
    peut être
Ou de notre fureur redoutés les effets.

USBEK.

Guidé par l'un de nous, à l'ombre du
    mistere,
    Il est entré dans le Palais.
    Est-ce à nous de parler de ses desseins
    secrèts
    Quand il ordonne de les taire.

L'OFFICIER dit aux soldats
françois.

Amis, veillons aux portes du palais.

(Ils se retirent.)

(On danse.)

FIN DU PREMIER ACTE.

Une contredanse
finit cet acte.

Toutes les M.rs et les
D.lles des Chœurs vont
prendre les habits,
coiffures et ajustements
de Païsanne.

La Nuit de la Rampe
du fond du théâtre
et des Chassis un Instant
avant le Changement

ACTE DEUXIÉME.

Le théâtre représente un joli bocage ; dans le
le fond un paysage charmant ; un village
sur le revers d'une coline , & un château ,
dont les jardins dominent sur la plaine :
entre le paysage & le bocage , est un torrent ;
sur lequel est un pont , fait avec des arbres ,
couchés sans art.

SCÉNE PREMIÈRE.

(L'instant est le lever de l'Aurore.)

St. PHAR.

RÉVÉ-JE.... où suis-je ?... dans
quels lieux ?
Que la nature paroît belle
En ce moment délicïeux !...

Sur la Simphonie de 37 mesures, St Phar est couché derriere la Tente, Vsbek sort a la 16.e mesure et fait un signe a 2 Solvats Golcondois qui sont aux deux Côtés de la tente, cette tente disparoît et laisse voir St Phar sur un Lit de gazon.

Vsbek et les deux Solvats se retirent.

Pendant la simphonie Veclairer lentement le Théâtre, en començant par le fond et finissant par la rampe, qu'on ne montera que sur ces mots, il s'éléve il embrasse le Cieux

Le jour naît... il s'éleve... il embraſſe les
    cieux ;
L'air ſe remplit d'une fraicheur nouvelle ;

    La terre ſemble reſpirer :
    Tout revit, tout ſe colore,
    Tout dit au cœur de ſoûpirer ;
    Que de beautés vont éclore !
    Le doux zéphir vient ſe jouër
    Dans les perles que l'aurore
    Aime à répandre, pour parer
    Le ſein brillant de Flore.

Tout ici me rappelle un ſouvenir charmant !
    Ce fut dans un même bocage,
    A la même heure, au même inſtant
    Que mon cœur partagea l'hommage
    De l'amour le plus conſtant.
    Aline ! Aline ! o doux moment !

    Jamais ſur un plus beau trône,
    L'amour n'éleva deux cœurs ;
    Jamais plus belle couronne,
    Ne coûta moins aux vainqueurs.
                      Tu

Tu paroîs, & tout annonce,
Entre nous le plus beau feu;
Un regard fit mon aveu;
Un foûpir fut ta réponfe.

Aline, cher Aline! au bout de l'univers,
Aline, envain mon cœur t'appelle;
Les gouffres immenfes des mers
Sont une barrière éternelle,
Et mes accents fe perdent dans les airs!

D

SCÊNE DEUXIÈME.

ALINE, St. PHAR.

St. *PHAR.*

Mais qu'apperçois-je? une bergere!
Elle parut ainfi, des fleurs pour ornement;
Une corbeille, une taille légere;
Elle pâffoit ainfi fur un pont chancellant,
En tremblant.
Je crois voir les mêmes graces,
Son air, fes pas enchanteurs:
J'envïois le fort des fleurs
Qui fe courboient fur fes traces.
Je les envie encore. Amour! tu me me-
naces.
Mais le charme du fommeil
Sufpend-il encor mes efprits?
Eft-ce l'éclat du réveil
Qui trompe mes regards furpris?
Mon jugement s'égare, ou mon cœur ima-
gine
Qu'Aline....

ALINE.

Quoi, Seigneur?

Sᴛ. **PHAR.**

Vous vous nommés
Aline?

ALINE.

C'eſt mon nom.

Sᴛ. **PHAR.**

Votre nom ?

ALINE.

Oui, Seigneur.

Sᴛ. **PHAR.**

Ah, Dieux ! quel eſt mon trouble ex-
trême!
Comment ! cette Aline, que j'aime,
Quoi, vous!... non, non c'eſt une
erreur.
Où ſuis-je ? & dans quels lieux ?

D ij

ALINE.

Vous êtes ce Seigneur,
Dont le jardin sur la plaine domine:
St Phar.

St. PHAR.

St. Phar!

ALINE.

Voici votre château;
Et moi j'habite ce hameau,
Que nous cache cette coline.

St. PHAR.

Que dites-vous? o ciel!... est-il rien de
pareil?

ALINE.

Je ne vous dis point un mensonge.

St. PHAR.

Amour, Amour, si c'est un songe,
Que mes jours ne soient qu'un sommeil!

Ce château... ce hameau... ces bois...
    cette coline...
Ses regards... ses accents... c'est-elle, c'est
    Aline !

Que ce soit un enchantement,
Ou la vérité que j'implore,
Chere Aline, je t'adore,
Je suis toûjours ton amant !
Je rappelle mon serment ;
Oui, je le répéte encore,
Chere Aline, je t'adore,
Je suis toûjours ton amant !

ALINE.

Ma bouche n'a qu'un langage,
L'expressïon de mon cœur ;
Je vous aime, je m'engage ;
Que je fixe votre ardeur :
Soyés à moi sans partage,
Je ferai votre bonheur ;
Recevés en, comme un gage,
Ce ruban & cette fleur.

(Elle lui donne une fleur, à laquelle est
attaché un ruban.)

St. *PHAR.*

Ah ! que n'ai-je un anneau... que vois-je ?
c'eſt le même,
C'eſt ce gage de ma foi ;
C'eſt celui de ce que j'aime !
Ah ! ſans doute, il eſt à toi.

(*Il lui donne cet anneau.*)

ALINE.	St. *PHAR.*
Aline, Aline vous adore, Le tendre amour comble ſes vœux.	Aline, c'eſt toi que j'adore ; Le temps ne peut rien ſur mes feux, Aline, vous m'aimés encore ? Le tendre amour comble mes vœux.

ENSEMBLE.

Que nos chaînes ſoient éternelles,
Ne les brîſons jamais ;
Que nos cœurs ſoiens toûjours fideles.
Amour, ah, quel bienfaits !

ALINE.	St. *PHAR.*
Aline, &c.	Aline, &c.

St. *PHAR.*

Mais, dites-moi... ✗ *La danse paroît au haut de la Coline sur 4 mesures de musette et en descent très lentement.*

(ALINE *fait un signe, & des* BERGERS *&* BERGERES *paroissent sur la colline.)*

ALINE.

J'entends nos bergers, nos bergeres,
Ils paroissent sur ce côteau :
C'est en ce jour la fête du hameau ;
Voyés leurs jeux, & leurs danses légeres.
Je vous quitte un instant, je reviendrai;
restés.

St. *PHAR.*

Aline, o ciel vous me quittés

ALINE.

Je le dois

St. *PHAR.*

Je vous suis.

ALINE.

Restés.

Sᴛ. *P H A R.*

Vous me quittés !

A L I N E.

Une raison puissante
M'arrache , hélas ! au bonheur qui
m'enchante.

Sᴛ. *P H A R.*

Ah si je suis un instant sans vous voir
Tout ceci n'est qu'un songe, & je perds
tout espoir.

A L I N E.

Sous cet ombrage
Arrêtés un moment ;
Je vais , je cours au village
Je reviens à l'instant.

De ce bocage
Ne vous éloignés pas ;
Pour retarder mes pas ,
Je trouve trop d'appas
Dans ce bocage.

Sous cet &c.

Sᴛ. *P H A R.*

Hélas ! hélas !

SCÊNE

SCÈNE TROISIÈME.

St. PHAR, USBEK, BERGERS & BERGERES.

St. *PHAR.*

Habitants de ces lieux, connoiſſés-vous
Aline ?

USBEK.

Si nous la connoiſſons ;

une *BERGERE*

Écoutés, Écoutés nos chanſons !

USBEK & la BERGERE.

C'eſt Aline
Qui fait nos plaiſirs ;
Cette bergere eſt divine :
C'eſt Aline,
Qui de nos loiſirs,
Sçait éloigner les ſoûpirs.

E

USBEK, seul.
Loin des armes,
Les allarmes,
Ne nous font point verser de larmes ;
Sa tendresse,
Sa sagesse
Répand le bonheur sur nos jours.

LE CHŒUR.
Aline est nos amours ;
Qui pourroit en troubler le cours ?

USBEK & la BERGERE.
C'est Aline, &c.

USBEK.
Les plaisirs que fait sa présence
Sont pour nous
De plaisirs si doux !
Ce sont ceux de la bienfaisance ;
Mais que ces moments là font courts !

LE CHŒUR.
Aline est nos amours ;
Qui pourroit en troubler le cours ?

C'est Aline, &c.
              (On danse.)
UN BERGER & une BERGERE.

C'est à ces lieux que l'amour doit la naif-
      fance
            C'est dans le silence
                De nos bois
            Quil aime à dicter ses loix ;
            S'il y fait répandre des pleurs ,
            C'est pour faire éclore les fleurs
                Dont ce Dieu badin
                    Pare son sein ,
            Quand il préside à notre destin:
            Dans l'instant le plus doux
                    Pour nous ,
            Peut-il remplir nos vœux
                    Mieux !

            Une bergere
            Longtems severe
            Perd le temps
        Charmant de son printemps:
            La résistance
            De l'innocence ,
                            E ij

Contre les traits qu'il lance
Fait briller la puiſſance
De ce Dieu
Qui des cœurs ſe fait un jeu.
C'eſt à ces lieux , &c.   (On danſe.)

(à l'inſtant indiqué d'une des entrées St.
PHAR accourt , & croit reconnoître
ALINE dans la Bergere qui danſe.)

ST. PHAR.

Que ces bergers ſont heureux !
L'amour ſeconde leurs vœux !
Aſile ,
Tranquille
Vous êtes fait pour eux.

Ah , que pour un tendre amant ,
Le tems coûle lentement !
La peine ,
La gêne ,
Augmente mon tourment.

Aline , tu ne viens pas !
Je voudrois hâter tes pas :
Mon trouble ,
Redouble ;
Accours , viens dans mes bras.

Mais quel soupçon dans mon cœur
Vient suspendre mon bonheur ?
Je doute,
J'écoute
Un espoir trop flatteur.
(*On danse.*)

USBEK.

L'Amour fuit les lambris dorés ;
Il aime à voltiger sur les vertes prairies :
C'est à l'ombre des bois, sur l'émail de nos
prés,
Qu'il enchaîne de fleurs ses compagnes
chéries.
En ces lieux il n'est point d'amant,
Dont le cœur ne soit fidele ;
Point de bergere rebelle,
Et chaque moment
Renouvelle
Le serment
D'une ardeur éternelle.

USBEK, *la* BERGERE & *le* CHŒUR.

L'Amour fuit les lambris dorés ;
Il aime à voltiger sur les vertes prairies :

C'eſt à l'ombre des bois , ſur l'émail de
nos prés,
Qu'il enchaîne de fleurs ſes compagnes
chéries.   (On danſe.)

ST. *PHAR.*

Bergers , cette Aline charmante
Que célébroient vos chanſons ,
Doit-elle, au gré de votre attente,
Reparoître bientôt pour orner ces vallons ?

UN *BERGER.*

Jamais le même jour ne la voit reparoître
Dans ce ſéjour heureux, que chérit ſa bonté:
Ici dans quelques jours , peut-être ,
Nous reverrons cette beauté.

ST. *PHAR.*

Dans quelques jours... o ciel ! dévoilons ce
miſtere ;
Voyons ce qu'il faut que j'eſpere ,
Diſſipons cette obſcurité.

Alors ST. *PHAR* impatienté , monte
par le chemin qu'ALINE a parcouru ;
& monté ſur la coline, on apperçoit des
ſoldats Golcondois qui le ſuivent &
l'entourent.)

(On danſe.)

SCÊNE QUATRIÈME.

USBEK & *les* BERGERS &BERGERES.

USBEK.

Quittés, quittés, cette retraite,
De votre zele, enfants, la Reine est satisfaite.

USBEK & *la* BERGERE.

Aimés, aimés toûjours
Votre bergere
La plus chere :
Aimés aimés toûjours
Celle qui règne sur vos jours.

LE CHŒUR.

Aimons, Aimons toûjours, &c.

USBEK.

Les fleurs ont moins de grâces;
Sur ses traces
Est l'Amour;
Et c'est dans ce séjour,
Qu'il a fixé sa cour.

LF CHŒUR.

Aimons aimons, &c.

USBEK & la BERGERE.

Formés formés des vœux

LF CHŒUR.

Formons des vœux

USBEK & la BERGERE.

Priés.

LF CHŒUR.
Prions les Dieux,
Que le ciel donne à ſes vœux,
Les ſuccès les plus heureux.

Aimons, aimons toûjours
Notre bergere
La plus chere, &c.

(Le Chœur en s'en allant, reprend)
Aimons, aimons, &c.

FIN DU SECOND ACTE.

ACTE

Sur les 32 dernieres mesures du chant du Chœur, la dance remonte la Coline et les Chœurs ſe retirent peu à peu le fond en adoucissant jusqu'au point de n'être plus entendu.

tous les Mrs et les Dlles des Chœurs vont reprendre leurs habits et Coiffures du 1er acte.

ACTE TROISIÈME.

*Le théâtre représente l'intérieur d'un palais,
dans le goût asiatique, des fleurs, des caf-
folettes, des tapis riches, en font les orne-
ments.*

SCÊNE PREMIÈRE.

Sᴛ. PHAR *entre, précédé & fuivi par des
foldats armés, fuivant le coftume Golcondois : on pôfe des gardes à toutes les iffues
de l'appartement.*

Sᴛ. PHAR.

Sᴜɪs-ᴊᴇ en France ? fuis-je en Afie ?
A Golconde, ou dans ma patrie ?
Je ne trouve dans mon cœur
Qu'incertitude & que fureur.

F

Ce spectacle enchanteur ne peut-être un
    mensonge
C'est Aline... ce sont ses accents... ses
    appas :
    Je doute encor si ce n'est point un songe...
Je la cherche... je vole... on arrête mes
    pas ;
    On m'arrête !.. le sort me plonge
Dans un dédale affreux, que je ne conçois
    pas.

    Suis-je en France, &c.

O vous, qui me gardés, par ordre de la
    cour,
    Dites moi, dites moi si, près de ce
    séjour...
    Mais je les interroge en vain,
Nul ne répond... o ciel ! quel sera mon
    destin ?

    O toi que mon cœur adore,
    Et qu'il n'oublïa jamais,
    Quoi ! je te perdrois encore,
    Et frappé de nouveaux traits ;

Il ne resteroit dans mon âme
Que l'ardent desir de te voir ;
Que la vérité de ma flâme
Et le vuide du désespoir ?

SCÈNE DEUXIÈME.

ZÉLIS, St. PHAR.

ZÉLIS.

SEIGNEUR, par ordre de la Reine,
Je viens vous annoncer le plus parfait
bonheur.

St. PHAR.

Seroit-ce Aline?

ZÉLIS.

Quoi?

St. PHAR.

Parlés!

ZÉLIS.

Ma souveraine ;
Vous offre & sa main & son cœur.

St. PHAR.

A moi!

ZÉLIS.

Seigneur, fi la valeur fuprême,
Si les héros font les appuis des rois,
Si la vertu mérite un diadême,
Sur qui doit-elle ici laiffer tomber fon choix?

St. PHAR.

Pardonnés a mon trouble extrême ...
Mais dites-moi fi, non loin de ces lieux,
Une françoife, une bergere,
(Son éclat eft trop précieux
Pour ne pas illuftrer une terre étrangere.)
Aline, que mon cœur... ah, vous la con-
noiffés !
Vous ne répondés point ?

ZÉLIS.

Seigneur, puis-je répondre ?
Un tel difcours a droit de me confondre :
Vos regards jufques-là fe font-ils abbaiffés ?

St. PHAR.

Fft-il un rang qu'amour connaiffe ?
Les moins brillants, ou les plus hauts,

Soit qu'il s'éleve ou qu'il s'abaïſſe
Tous les dégrés lui ſont égaux.

Je la verrois, & je pourrois lui dire,
Voilà ma main; ah, que n'ai-je un empire !
'Aline, ſois conſtante , & je n'envîrai
   rien :
Hé , qu'envïer , après ton bonheur, & le
   mien ?

Eſt il , &c.

ZÉLIS, à part.
Il l'aime ; pour ſon cœur quelle félicité !
(à St. PHAR.)
Eſt-ce indifference ou fierté ?

Je vous offre une couronne,
C'eſt la Reine qui la donne :
L'eſprit, l'amour, la beauté
Vous attendent ſur le trône ;
Et, loin d'écouter ſes vœux,
Vous parlés d'une étrangere,
Vous parlés d'une bergere,
Et du choix le plus honteux !

Quoi ! la suprême puiffance,
Mife à l'inftant dans vos mains ;
La profonde obéiffance
Et le refpect des humains ;
Quoi la Reine & tous fes charmes
Ne font que de foibles armes
Pour vous donner un vainqueur ?
Quel eft le rang defirable,
Quel eft donc l'objet aimable
Qui peut toucher votre cœur ?

St. PHAR.

Aline !... mais c'eft trop abufer de ma peine :
Pourquoi me retient-on dans ce trifte palais ?
De quel droit m'arrêter ? _______

ZÉLIS.

Seigneur voici la Reine :
Peut-être en voyant fes atrraits,
Votre front rougira d'avoir craint une
    chaîne
Qui doit remplir tous vos fouhaits.

La Reine entre
precedée de fa
Garde amazone,
qui réléve les
portes des foldats
Golcondois, qui fe
retirent ainfi que
l'officier.

SCÈNE TROISIÈME.

ZÉLIS, St. PHAR, LA REINE,
le visage couvert de son voile.

ZÉLIS.

Madame , c'est en vain...

St. PHAR.

O ciel ! qu'ôsés-vous dire ?

ZÉLIS.

Vos appas ...

St. PHAR.

Arrêtés !..

ZÉLIS.

Votre main, votre empire,
Ne font rien à ses yeux :
Aline, une bergere est l'objet précïeux....
Aline est tout ce qu'il desire.

St. PHAR.

St. *PHAR à la* Reine.

Ah! n'avés vous jamais aimé?
Pardonnés aux transports d'un cœur trop
    enflâmé,

Le premier trait que l'Amour lance,
Reste tout entier dans un cœur;
Le tems n'a point de puissance
Sur une premiere ardeur :
Vainement d'une autre flâme
On écoute les transports;
Tout ramene dans notre âme
Des regrèts, ou des remords.

J'ai retrouvé celle qui m'étoit chere;
J'ai retrouvé l'objet de tous mes vœux;
Est-elle moins ce que j'aime le mieux.
    Pour n'être, hélas! qu'une bergere?
Je vous offense, o ciel! mais la trahir,
Mais vous tromper par un perfide hom-
    mage!
Être paré de vos dons, en gémir,
    Vous offenseroit d'avantage!
         G

LA REINE, *ôtant son voile.*

Quel moment !
Cher amant.

ST. PHAR.

Aline !

LA REINE.

Oui, la même.

ST. PHAR.

Aline ! o ciel où suis-je transporté ?

ALINE.

Dans mon palais. St. Phar quelle félicité.

ST. PHAR.

Quel Dieu, quel coup du sort ; par quel
pouvoir suprême ?...
Quoi ! vous regnés dans ce séjour !
Mon Aline, ah , c'est un prestige !

ALINE.

La fortune a fait un prodige
Pour en faire hommage à l'amour ,

Si l'éclat du dïadême
Peut ajoûter au bonheur,
C'eſt à l'inſtant que le cœur
Peut l'offrir à ce qu'il aime.

St. *PHAR*

Si l'éclat du dïadême
Peut ajoûter au bonheur,
C'eſt à l'inſtant que le cœur
Le reçoit de ce qu'il aime.

Quoi ! le deſtin t'offre à mes vœux :
Eh, qu'importe, reine ou bergere ?

LA REINE.

Sur le trône, où ſur la fougere,
L'amour ſeul peut nous rendre heureux.

ENSEMBLE.

Si l'éclat du dïadê- me, &c.	Si l'éclat du dïadê- me, &c.

ZÉLIS.

Mais quel bruit... il augmente... & le ſon
des tambours...

SCÈNE QUATRIÈME.

LA REINE, ZÉLIS, St. PHAR, USBEK.

USBEK.

IL faut, il faut un prompt secours :
Des françois mutinés venés punir l'audace ;
Ils ont forcé la garde, & déjà dans la place
Leur drapeau leur sert de signal ;
Ils demandent leur général.

LA REINE.

Paroissés, cher St. Phar ! contentés leur envie.
Et vous, que cette fête annonce à mes sujèts
Un jour heureux, un jour de paix,
Et le plus brillant de ma vie.

SCÈNE CINQUIÈME.

Le théâtre change ; il repréfente la principale porte du palais : les troupes Golcondoifes en défendent l'entrée ; les François paroîffent du côté oppôfé.

OFFICIERS & SOLDATS, FRANÇOIS & GOLCONDOIS.

PEUPLES *Golcondois.*

LE CHŒUR.

FRANÇOIS.	GOLCONDOIS.
REndés-nous notre général ;	REdoutés cet inftant fatal ;
Redoutés cet inftant fatal !	Redoutés cet inftant fatal !
Brifons les portes du palais ;	Vous allés favoir fon deftin ;
Enfonçons-les, enfonçons-les !	Artendés l'ordre fouverain.
	Écoutés, françois, écoutés.

Le Chœur eft chanté dans les cou...

Sur la finale du Chœur St. Phar paroît au haut du péron.

SCÈNE SIXIÈME.

St. PHAR, *les* Officiers & Soldats
François & Golcondois.

St. *PHAR. paroît fur le perron de la
principale entrée du palais.*

ARrêtés , foldats ! arrêtés.

Les FRANÇOIS & les GOLCONDOIS.

Vive St. Phar.

St. PHAR,

Amis , votre zele m'enchante !
Mais loin de prodiguer des jours trop pré-
cïeux ,
Partagés les plaifirs d'une fête charmante ;
Que mon bonheur vous rende heureux. ✝

SCÊNE SEPTIÈME.

(Les soldats se retirent sur une marche : le théâtre change, & représente un jardin dans le goût asiatique, orné pour une fête.)

USBEK, ZÉLIS, PEUPLES GOLCONDOIS.

(On danse.)

USBEK.

PEUPLES, la Reine a fait un choix ;
Le général françois partage sa couronne ;
Les grands le placent sur le trône ;
Suivés, suivés ses loix.

(On danse.)

LE CHŒUR.

Suivons les loix
Du Roi qu'elle nous donne ;
Sa couronne
Est digne de son choix.

Qu’il s’éleve au rang des plus grands rois,
Qu’il nous conduise à la victoire ;
Qu’il respecte toûjours les dieux
A rendre ses peuples heureux
Que son grand cœur mette sa gloire.

(On danse.)

(Une simphonie champêtre annonce les BERGERS.)

SCÉNE

SCÈNE HUITIÈME & DERNIÈRE.

LA REINE, St. PHAR, *les* PEUPLES
GOLCONDOIS *& les* FRANÇOIS, USBEK,
ZÉLIS, *les* BERGERS *&* BERGERES
*du hameau d'*ALINE.

LA REINE *aux* BERGERS.

Venés, Bergers, venés vers votre mere;
Pour moi votre aspect est si doux !
L'amour doit brîser la barrière
Que le respect éleve entre le trône & vous.
(On danse.)

Un BERGER *& une* BERGERE.
Nous nous approchons en tremblant,
Mais votre bonté nous rassûre ;
Pour nous quel moment !
Qu'il est charmant,
Pour la tendresse la plus pure !

Venés, revenés dans nos champs ;
L'Amour se plaît tant où vous êtes !
Il ne se livre aux plus doux chants,
Que d'accord avec les musetes :

H

Chés nous les desirs
Et les soûpirs,
Offrent des voluptés parfaites.
LE BERGER.
Le faste brillant de la Cour,
Et qui suit la toute-puissance,
Prépare à l'amour
Un plus beau jour
Dans la paix & dans le silence.

Vous répandés sur ces climats
Les thrésors de la bienfaisance,
Vous faites regner sur vos pas
Les loix, la paix, & l'abondance ;
Et c'est
Dans les cœurs de vos sujets
Qu'Amour en met la récompense.

Le VIEILLARD, les BERGERES
& le CHŒUR.
Ce Dieu vous appelle, & ses doux accens
Vous disent : venés, revenés dans nos
champs ;

L'Amour, &c.   (On danse.)

USBEK.

O Souverains regnés fur l'univers,
Volés, volés de victoire en victoire,
Aux lauriers qui vous font offerts,
L'Amour fait mettre un prix plus charmant
que la gloire.

La Gloire aux guerriers
N'offre tous fes charmes
Que dans les dangers, que dans les allarmes,
C'eft mouillés de nos larmes
Qu'ils cueillent des lauriers ;
Ce qu'Amour defire,
Eft de rendre heureux,
Un cœur qui foupire
Et forme des vœux.

O Souverains, regnés fur l'univers,
Volés, volés de victoire, en victoire,
Aux lauriers qui vous font offerts,
L'Amour fait mettre un prix plus charmant
que la gloire.

(Contredanfe générale qui termine l'Opera.)

Fin du troisème & dernier Acte.